AF257504

TRÉSOR

DE

GUARRAZAR

Paris. — Typographie de Firmin Didot frères, fils et Cie, rue Jacob, 56.

TRÉSOR DE GUARRAZAR.

DESCRIPTION

DU

TRÉSOR DE GUARRAZAR

ACCOMPAGNÉE DE RECHERCHES

SUR TOUTES LES QUESTIONS ARCHÉOLOGIQUES

QUI S'Y RATTACHENT

PAR FERDINAND DE LASTEYRIE

MEMBRE DE LA SOCIÉTÉ IMPÉRIALE

DES ANTIQUAIRES DE FRANCE

BIBLIOTHÈQUE IMPÉRIALE IMPR.

PARIS

GIDE, ÉDITEUR, RUE BONAPARTE, 5

M DCCC LX

TRÉSOR DE GUARRAZAR.

Vers la fin de l'année 1858, une trouvaille aussi importante qu'inatten-
due fut faite, aux environs de Tolède, par quelques paysans occupés à
défoncer une pièce de terre. Cela se passait au lieu dit *la Fuente de Guarrazar*. Depuis plus de onze siècles, et sans que personne en eût le moindre soupçon, là se trouvait enfoui un trésor contenant huit couronnes
d'or de diverses dimensions, ornées à profusion de pierreries, accompagnées de croix, et toutes munies de chaînes de suspension également en
or fin. Jamais trésor si riche n'était tombé en de si pauvres mains. Mais
ce qu'ignoraient ces braves paysans, c'est que la valeur historique et archéologique dudit trésor dépassait encore de beaucoup sa valeur intrin-
sèque. Heureusement pour nous, cependant, un appréciateur plus éclairé
se trouvait dans le voisinage. Ayant compris, du premier coup d'œil, tout
le parti qu'on pourrait tirer de cette trouvaille, il parvint non sans peine
à réunir et à racheter tous les objets découverts, y compris ceux que les
gens de la localité s'étaient déjà partagés entre eux; puis, ausitôt après,
le nouveau propriétaire du trésor se rendit à Paris, où il l'offrit en
vente au gouvernement français. Des indices certains établissaient que la
plupart de ces richesses devaient provenir de l'un des rois Goths qui régnèrent sur l'Espagne au septième siècle. On sait combien sont rares les
monuments de cette époque. C'était donc pour la France une occasion précieuse de s'enrichir d'un ensemble de monuments unique dans son genre,
et, comme d'ailleurs les prétentions du vendeur n'avaient rien de trop
exagéré, le marché fut bientôt conclu. Grâce au mystère qui écartait
toute concurrence, grâce à la prompte décision du ministre chargé des
beaux-arts, l'une de nos plus intéressantes collections, le musée de Cluny,

est ainsi devenu l'heureux dépositaire de toutes les richesses archéologiques découvertes à la Fuente de Guarrazar.

C'est ce précieux trésor que j'entreprends de décrire avec tout le soin dont il est digne, pour aborder ensuite l'examen des questions qu'il soulève, questions très-nouvelles, très-diverses et très-intéressantes au point de vue de l'histoire de l'art.

I

Pour procéder avec ordre dans cette description, commençons par les couronnes.

Dès le premier abord, il en est une qui attire tout particulièrement l'attention et l'accapare en quelque sorte, tant par ses dimensions et son extrême richesse que par la singularité de son ornementation.

Cette couronne occupe le centre de la planche d'ensemble qui sert de frontispice à la présente Dissertation, et, pour mieux faire saisir le détail de son ornementation, j'en ai reproduit (planche Ire) toute la partie supérieure de grandeur naturelle.

Elle se compose d'un large bandeau ou diadème ouvrant à charnière, qui ne mesure pas moins d'un décimètre de hauteur sur un diamètre de deux décimètres en moyenne. Chacune des parties du bandeau est formée d'une double plaque de l'or le plus fin. Les plaques intérieures, celles qui servent en quelque sorte de doublure, sont tout unies ; les autres, au contraire, les plaques extérieures, se distinguent par la plus riche ornementation. Trente saphirs cabochons et autant de perles, alternant régulièrement, disposés sur trois rangs et en quinconces, en occupent la partie médiane, de telle sorte que chaque rangée se compose de dix saphirs et de dix perles. Les perles sont énormes, et les pierres ne le leur cèdent en rien. Ce sont des saphirs orientaux de la plus grande beauté, et la plupart fort gros. La monture, comme celle des perles, en est fort simple ; elle consiste dans une sertissure tout unie. Une ornementation d'un autre genre, moins riche, mais infiniment plus rare, se fait remarquer dans l'intervalle des chatons. La paroi extérieure du bandeau, légèrement soulevée par le procédé du repoussé, figure, autour de chaque perle

de la rangée intermédiaire, une sorte de quatre-feuilles composée de palmettes dont les follicules découpées à jour sont garnies de petites lames
de verre rouge. D'autres ornements découpés du même genre remplissent les interstices des pierreries. Enfin deux bordures de verre cloisonné, hautes chacune d'un centimètre, complètent l'ornementation du
bandeau. Le verre rouge domine dans ces bordures, comme dans les palmettes ci-dessus décrites. Cependant un petit carré de couleur verdâtre
se voit aussi au centre de chacun des cercles dont l'ingénieuse intersection forme le dessin de la bordure.

Mais ce qui constitue, plus que tout, l'originalité de ce précieux joyau,
ce sont vingt-deux lettres appendues en guise de pendeloques au bord
inférieur du bandeau. Ces lettres, découpées à jour, et qui mesurent
en moyenne trente-quatre millimètres de hauteur, sont d'un travail absolument identique à celui de la double bordure que je viens de décrire,
c'est-à-dire qu'elles sont remplies de petits fragments de verre rouge
cloisonnés d'or. Leur assemblage donne l'inscription suivante :

✝ RECCESVINTHVS REX OFFERET.

Reccesvinthus fut l'un des monarques les plus distingués de la dynastie
des rois Goths. Dès l'an 649, son père l'avait associé à la souveraine puissance. Mais bientôt il régna seul, et occupa le
trône jusqu'en 672.

La date de notre couronne se trouve donc
indiquée très-approximativement par cette
inscription d'un genre tout nouveau, dont
chaque lettre forme comme un bijou à part.

Pour donner une idée bien exacte de cette
singulière décoration, je reproduis ici les trois
lettres du mot REX. Chacune d'elles, on peut
le voir, est suspendue au bandeau par une
chaîne à doubles chaînons, et soutient à son
tour une pendeloque de saphir violacé en
forme de poire.

Enfin la couronne, telle que je viens de la décrire, est elle-même suspendue par quatre chaînes, dont le bouton d'attache est un chapiteau en cristal de roche surmonté d'une boule de pareille matière. Tout autour de ce bouton, et comme au sommet d'un lustre, s'élancent des feuilles d'or pointues et recourbées, auxquelles se rattachent encore d'autres pendeloques.

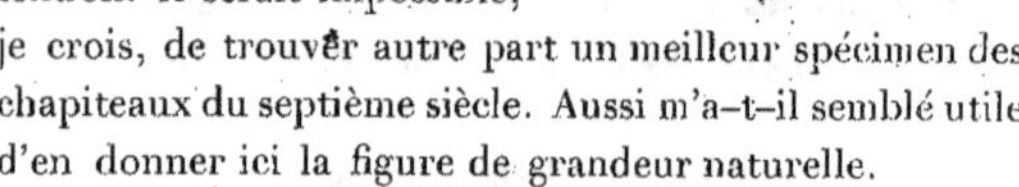

Le bouton de cristal me paraît tout à fait digne d'attention. Il serait impossible, je crois, de trouver autre part un meilleur spécimen des chapiteaux du septième siècle. Aussi m'a-t-il semblé utile d'en donner ici la figure de grandeur naturelle.

Quant aux chaînes de suspension, elles ne sont pas non plus sans intérêt. Le poids considérable de la couronne obligeant l'orfévre à l'attacher solidement et par des chaînes un peu massives, il en a profité pour donner à celles-ci un dessin qui ne manque ni de style, ni d'ampleur, ni de richesse, ainsi qu'on en peut juger par la figure ci-jointe.

II

Aucune des autres couronnes n'est comparable à celle de Reccesvinthus pour la richesse de l'ornementation.

L'une d'elles cependant s'en rapproche assez par ses dimensions, et, quoique très-inférieure au point de vue de l'art, se fait encore remarquer par le nombre et la valeur des pierreries dont elle est couverte.

Je l'ai reproduite aux deux tiers de sa grandeur naturelle (Planche II).

C'est également un bandeau formé de deux pièces réunies à charnières.

Sa hauteur est de huit centimètres, et son diamètre de cent soixante-huit millimètres. Le rapport de ces proportions avec celles de la couronne de Reccesvinthus ont fait penser tout d'abord, que, si l'une avait appartenu au roi, l'autre devait avoir été le diadème de la reine, hypothèse sur laquelle j'aurai à revenir plus tard.

Le bandeau de cette couronne est, comme celui de l'autre, orné de trois rangs de chatons, au nombre de cinquante-quatre, symétriquement disposés quant à la place qu'ils occupent, mais renfermant une foule de pierres différentes, des perles et même des pâtes, juxtaposées sans ordre régulier. Parmi les pierres, on y remarque des saphirs, des émeraudes, des opales et des morceaux de cristal de roche de toutes les formes et de toutes les grosseurs. Aucun de ces cabochons n'égale cependant, par ses dimensions ou sa valeur, les superbes saphirs de la première couronne.

Dans celle qui nous occupe, le bandeau lui-même est en or tout uni, sans autre ornement qu'une double bordure formée de petites perles d'or posées, quatre par quatre, sur un seul rang, de distance en distance, chaque segment de cette bordure étant séparé par un

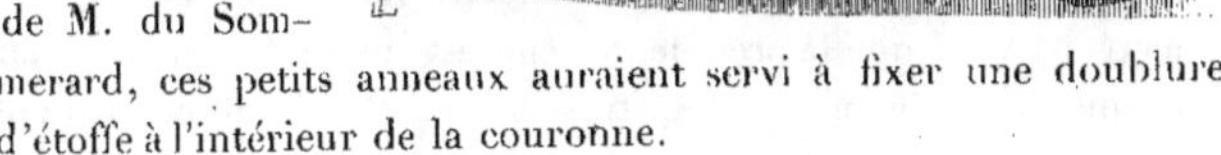

espace vide flanqué de deux anneaux fixes fort petits, ainsi que l'indique la figure ci-jointe.

Dans l'opinion de M. du Sommerard, ces petits anneaux auraient servi à fixer une doublure d'étoffe à l'intérieur de la couronne.

Au bord inférieur du bandeau est attachée une garniture de pendeloques en saphirs fort gros et d'une très-belle couleur.

Cette couronne était suspendue par quatre chaînes d'or à doubles chaînons, semblables à celle qui rattache les lettres à la couronne de Reccesvinthus. J'en joins ici le dessin.

III

Les six autres couronnes, bien que toujours en or fin, sont incomparablement moins riches et de dimensions très-inférieures.

Trois d'entre elles conservent la forme du bandeau, les autres sont à claires-voies.

Les couronnes pleines, toutes à charnières, sont assez minces, et décorées de dessins *au repoussé* d'un travail fort grossier.

J'ai reproduit ces trois couronnes de grandeur naturelle. (Voyez planche III.)

Une seule d'entre elles (figure 1) est ornée de pierreries assez ordinaires, disposées sur un seul rang, au nombre de seize, et alternant avec une espèce d'ornement au repoussé en forme de quatre-feuilles, le tout encadré d'une bordure dont le dessin ressemble à une double rangée de C grossièrement façonnés.

Les deux bords du bandeau sont légèrement retroussés.

Au bord inférieur sont attachés, comme pendeloques, de petits saphirs pâles et très-transparents, en forme de poires irrégulières.

Le diamètre de cette couronne est de cent vingt-trois millimètres.

Une des deux autres se compose d'un bandeau d'or simplement façonné au repoussé, dont le dessin consiste en une bande médiane chargée de fleurons alternant, et entourée d'une bordure à rinceaux courants. (Voyez planche III, figure 2.) Six pendeloques de forme irrégulière se rattachent au bord inférieur. Cette couronne est, de toutes, la moins précieuse ; son diamètre mesure cent treize millimètres. Ainsi que la précédente, elle est suspendue par de petites chaînes à chaînons simples, très-minces et très-allongés, dont je donne ici le modèle.

La troisième (même planche, figure 3) est également dépourvue de chatons, et son diamètre est encore plus petit (onze centimètres) ; mais le dessin en est beaucoup plus élégant, quoique toujours exécuté par le même procédé. Tout autour du bandeau sont percés à jour des arcades à plein cintre, avec une double archivolte guillochée, et d'autres jours triangulaires ménagés entre les cintres. La bordure consiste en une galerie à arcades figurées, avec lisérés de petites feuilles et de perles. Les pendeloques, soutenues par une armature d'or de forme conique allongée, consistent en cristaux naturels.

Cette couronne est la plus petite ; mais elle ne manque pas d'un certain intérêt au point de vue de l'art.

Les chaînes qui lui servent de suspension diffèrent de celles que j'ai précédemment décrites. Elles se composent de chaînons alternativement circulaires et en forme de 8. (Voyez la figure placée plus bas, sur le côté de cette page.)

IV

Viennent enfin les trois couronnes à claires-voies.

La forme de celles-ci est très-particulière, et je ne sache pas qu'il en existe de pareilles ailleurs. Elles consistent en une sorte de réseau circulaire à mailles carrées, ou, comme les a très-bien décrites M. de Sommerard (1), dans une sorte de double grille en or massif, avec des rehauts de pierres précieuses et de perles à chaque point d'intersection, et des pendeloques dans l'intérieur des mailles.

Ces trois couronnes sont de dimensions à peu près semblables. Leur diamètre varie de douze à treize centimètres, leur hauteur de soixante-cinq à quatre-vingt-cinq millimètres. Aussi me suis-je borné à en reproduire une seule (planche II, figure 2) aux deux tiers de sa grandeur naturelle; mais elles sont toutes trois représentées dans de moindres proportions sur la planche d'ensemble du frontispice.

Les pierreries qui les ornent n'ont rien de bien remarquable. Elles se trouvent mélangées sans beaucoup d'ordre aux perles, à la nacre et même aux pâtes de verre.

Leurs chaînes de suspension sont toutes pareilles à celles de la petite couronne à arcades. J'en donne ici-contre le dessin.

(1) Voyez son article inséré dans le numéro du *Monde-Illustré* du samedi 12 février 1859.

V

Cinq des couronnes si heureusement découvertes à Guarrazar sont accompagnées de croix. Celles-ci, reliées par une chaîne au même bouton d'attache, étaient évidemment destinées à rester suspendues à travers le cercle de la couronne, qui, ainsi, selon l'heureuse expression de saint Paulin de Nola, leur servait en quelque sorte d'auréole (1).

La croix qui accompagne la couronne de Reccesvinthus est de beaucoup la plus riche.

Je l'ai représentée de grandeur naturelle (planche IV, figure 1).

Huit grosses perles et six saphirs cabochons en ornent la face antérieure.

Les perles, disposées deux par deux aux quatre extrémités de la croix, sont enchâssées dans de petits cylindres d'or qui donnent à celle-ci beaucoup d'épaisseur.

Quant aux saphirs, ils sont de formes très-irrégulières. Celui qui occupe le centre de la croix fait une forte saillie. Il est d'ailleurs très-gros et d'un bleu très-intense. Les autres sont plus pâles et moins saillants. Tous sont montés à jour ; fait important à signaler, car je n'en connais pas d'autre exemple à cette époque. Chaque cabochon est fixé, au moyen de griffes, sur une sertissure très-légère, qui se rattache à la partie pleine de la croix par des pattes longues d'un centimètre environ. Celles-ci s'épanouissent à leur base et à leur sommet sur le bord de la sertissure, en forme de double palme ou de fleur de lis, comme on peut le voir par la figure ci-contre.

Au pied et aux deux bras de la croix se rattachent des pendeloques, formées d'une partie carrée en pâte de verre sertie d'or et d'une poire en saphir pâle.

Cette croix ne mesure pas moins de quatre-vingt-quinze centimètres.

Le revers porte encore des attaches qui semblent indiquer qu'elle a servi de fibule. Aussi n'était-elle enrichie d'aucune pierre précieuse à sa face postérieure. De simples ornements découpés à jour, au nombre

(1) Crucem corona lucido cingit globo... (*Epist. ad Sever.*)

de six, correspondent avec la place occupée par les saphirs sur la face
antérieure. J'en donne ici la figure réduite d'un tiers.

Les autres croix ont toutes la forme de ce qu'on appelle en blason des
croix patées ; mais elles diffèrent les unes des autres sous le double rapport de leurs dimensions et des ornements dont elles sont enrichies.
Pour qu'on en pût mieux juger, je les ai réunies, avec celle de Reccesvinthus, sur la planche IV, où elles sont reproduites à moitié de leur
grandeur naturelle.

Ces croix sont, en général, très-plates et ornées de cabochons peu
saillants.

Sur l'une d'elles, ces pierreries cabochons sont remplacées en partie
par de la nacre de perle.

Une autre (et, si ce n'est pas la plus belle, c'est à beaucoup d'égards
la plus intéressante), une autre porte, à son revers, une inscription
latine tracée bien évidemment *au repoussé.* Les lettres sont en creux,
et les extrémités de chaque jambage sont plus profondément excavées,
comme si de simples points avaient été creusés d'avance au moyen

Mais c'est assez décrire. Il est temps que j'aborde l'examen archéologique des monuments qui font l'objet de cette notice et des questions qui s'y rattachent.

VI

L'usage de suspendre des couronnes dans des lieux saints, et même dans les édifices profanes, était fort répandu à l'époque où les peuples envahisseurs du Nord vinrent s'asseoir sur les ruines de la civilisation romaine. Ravenne nous en offre de nombreux exemples ; circonstance qui n'est pas sans quelque valeur dans la question qui nous occupe, si l'on se rappelle que plusieurs monuments de cette ville furent précisément fondés par des rois goths.

Ce fut Théodoric qui éleva la belle église de Saint-Apollinaire le Neuf, dont Ciampini a décrit les mosaïques au chapitre xii de ses *Vetera Monumenta* (1). Eh bien ! là, précisément là, se trouve représentée la couronne sous toutes ses formes et dans toutes ses applications, tantôt portée comme emblème aux mains des martyrs, tantôt suspendue à la voûte des niches qui surmontent les figures des saints, tantôt enfin appendue aux arcades de ce fameux palais de Ravenne qu'avait fondé le roi des Goths. Dans ce dernier cas, évidemment, elle est sans aucun caractère religieux.

Aux yeux de Ciampini, la couronne n'était qu'un ornement ou une lampe : *Corona autem suspensa nihil aliud significat nisi ornamentum, sive lampadem coronam denominatam* (2).

Cette définition est évidemment incomplète. Si la couronne était parfois un simple meuble affecté au luminaire, c'était plus souvent encore un emblème ou un objet consacré. Toute confusion, autre que celle du nom, est pourtant impossible entre des objets d'usages si différents.

Les couronnes consacrées se suspendaient généralement au-dessus de l'autel, sous le *ciborium*. Constantin Porphyrogénète attribue l'origine

---

(1) Bien que l'église de Saint-Apollinaire passe pour avoir été fondée par Théodoric, il est bon de faire remarquer que les mosaïques dont il s'agit ne furent mises en place que vers l'an 570.

(2) *Vetera Monumenta*, part. II, cap. xii.

de cette dévotion à Constantin le Grand (1), dont l'exemple fut suivi, depuis, par un grand nombre de princes et de hauts fonctionnaires de l'Empire (2).

Outre la couronne très-richement ornée qui se voyait à Constantinople (3), le même Constantin, s'il faut en croire Anastase le Bibliothécaire, en aurait consacré plusieurs autres dans les églises de Rome, et une particulièrement sur le tombeau de saint Pierre (4).

Ce qu'il y a de certain, c'est que cet usage se maintint pendant plusieurs siècles, tant en Orient qu'en Occident. Paul Diacre nous apprend que la veuve de Justin et Constantine, femme de l'empereur Maurice, ayant donné à ce dernier une couronne d'un grand prix, il l'envoya immédiatement à l'église pour la consacrer publiquement à Dieu (5).

De même, au dire de Cédrenus, Héracléon avait fait transporter la couronne de son père Héraclius à Sainte-Sophie, où, selon Nicétas, plusieurs autres couronnes étaient déjà suspendues (6).

En Occident, le même usage ne dura pas moins longtemps, si l'on en juge d'après le témoignage du même Anastase, qui attribue au pape Léon IV († 855) la fondation de quatre couronnes, toujours de l'or le plus pur (7). Enfin jusqu'en plein onzième siècle, nous voyons l'empereur Henri II, dans un voyage qu'il fit à Cluny, offrir à Dieu une couronne d'or ornée de pierreries (8).

Selon du Cange, ces couronnes votives portaient en Orient le nom de ἐπανωκλειστοί (9). En latin, on les nommait habituellement *Regna*. C'est sous ce nom qu'Anastase les désigne le plus souvent (10).

Les souverains barbares, mais la plupart chrétiens, des peuplades qui

---

(1) *Lib. de administr. Imper.*, cap. xii.

(2) *Ex quibus perspicuum est, coronas ex principibus et magnatis templis olim oblatas, et super sacram mensam appensas...* (Du Cange, *Constantinop. christ.*, lib. III, 43.

(3) *Constantinus obtulit coronas quatuor, cum Delphinis viginti, ex auro purissimo, pesantes singulas libras quindecim.* (Vita beati Sylvestri.)

(4) *Obtulit coronam auream ante corpus beati Petri.* (Ibid.)

(5) Ad XIX an. Mauricii.

(6) *Nicetas in Alexio*, lib. III, n. 6.

(7) *Nam et super ciborium obtulit coronas quatuor, et calices sexdecim ex auro mundissimo.* (In vita Leonis IV, pap.)

(8) R. Hospinianus. *De origine Templorum. ao rerum omnium ad templa pertinentium.* In-fol., Zurich, 1587, lib. II, cap. xii, fol. 74.

(9) *Constantinop. christian*, lib. III, 43.

(10) Sur cette signification du mot *Regnum*, voyez la dissertation insérée au tome Ier de l'*Histoire de l'Académie des Inscriptions et Belles-Lettres*, pag. 160 de l'édition in 4°.

envahirent le midi de l'Europe du sixième au septième siècle, semblent avoir adopté également l'usage des couronnes votives; le trésor de Monza en conserve encore plusieurs. La plus célèbre est la fameuse couronne de fer des rois lombards. Celle de la reine Théodelinde, morte en 716, existe également, et c'est seulement au commencement de ce siècle que celle de son mari, Agilulphe, a disparu, on ne sait trop comment. Toutes trois sont représentées au tympan de la porte principale de l'église de Monza, sur un bas-relief qu'on croit contemporain des donateurs.

Enfin, parmi les rois goths qui régnèrent en Espagne, Reccesvinthus n'est pas le premier qui ait consacré des couronnes votives. La vieille chronique de Julien de Tolède, recueillie par Schott, mentionne une couronne du même genre consacrée à saint Félix par le roi Reccarède, qui régna de 586 à 601 (1).

Cependant il faut reconnaître avec Ciampini, que souvent aussi, dans les anciens textes, le mot *coronæ* s'applique à des lustres en forme de couronnes. Ainsi, par exemple, dans la nomenclature, rédigée en l'an 804, des dons que le patriarche Fortunat avait faits aux églises de Venise, nous trouvons mentionnées *duas coronas argenteas; in una ardent cesendelli centum* (2).

Dans d'autres textes de la même époque, on rencontre le mot *corona*, employé indifféremment dans ces deux acceptions. La très-curieuse chronique d'Hariulphe, moine de Saint-Ricquier (3), nous en offre plusieurs exemples. Elle contient deux inventaires de cette illustre abbaye, dont l'un remonte aux dernières années du huitième siècle, et l'autre est daté de l'an 831.

Dans le premier de ces inventaires, on lit : *Nam de aliis vasis et supellectilibus habentur in iisdem ecclesiis auro argentoque paratæ* XVII *coronæ, aureæ* II, *lampades argenteæ* VI, *cuprinæ auro argentoque decoratæ* XII..... et un peu plus loin : *coronæ cum luminibus,* XIII (4).

(1) Voyez la vie de Wamba, dans le tome IV de l'*Hispania illustrata* d'André Schott (in-fol., Francfort, 1608), continuation de *la Chronique d'Isidore de Séville*.

(2) Carlo Antonio Marin. *Storia civile e politica del commerzio de' Veneziani*; 3 vol. in-8°, Venise, 1798, tom. Ier, pièces justificatives.

(3) Insérée, sous le titre de *Chronicon Centulense*, dans le *Specilegium* de D. Luc d'Achery (t. IV, pag. 419 et suiv. de l'édition in-4°, 1661).

(4) *Chronicon Centulense*, lib., II, cap. x. pag. 467 et 468.

Les « deux couronnes d'or » étaient, selon toute probabilité, des couronnes votives, tandis que les « treize couronnes avec leur luminaire » étaient évidemment des lustres en forme de couronne, tels que celui, par exemple, dont Charlemagne avait enrichi l'église d'Aix-la-Chapelle. Ainsi, à plus de trois siècles d'intervalle, se trouvent encore réunis, dans cet inventaire, les deux genres de couronnes si différents par leur destination que mentionne Ciampini, et que nous ont déjà montrés les mosaïques de Saint-Apollinaire de Ravenne.

Le second inventaire de Saint-Ricquier, celui de 831, offre encore le même rapprochement; mais là, les couronnes votives sont décrites avec un détail et une clarté qui ne laissent rien à désirer : *Principalia habentur altaria* III *:...... super illa tria altaria habentur tria ciboria ex argento et auro parata, in quibus tres dependent coronæ, singulæ per singula, ex auro gemmisque paratæ, cum aureis cruciculis, aliisque diversis ornamentis.* Et puis, un peu plus bas, on lit : *In iisdem ecclesiis sunt... candelabra ferrea ex argento et auro parata, majora* XV, *minora* VII, *coronæ argenteæ* VII, *et cupreæ deauratæ* VII, *lampades argenteæ* VI, *cupreæ deauratæ* VI (1).

Bien évidemment, ces couronnes d'argent et de cuivre doré, placées dans la nomenclature entre les candélabres et les lampes, ne pouvaient être elles-mêmes que des ustensiles destinés au luminaire.

Du Cange (2) cite plusieurs textes où le mot *corona* doit être ainsi compris, entre autres ce passage d'une ancienne description de la cathédrale de Cantorbéry : *In medio chori dependebat corona deaurata, viginti quatuor sustinens cereos* (3), et ces vers rapportés par Meurisse, qu'un évêque de Metz, Théodoric, avait inscrits sur le lustre même de son église :

> *Cujus in æde sacra rutilans micat ista corona .*
> *Ad lumen turbæ, vel decus ecclesiæ* (4).

Mais c'est trop parler de ce genre de couronnes, qui n'ont rien de commun avec les couronnes de Guarrazar. La destination de ces dernières

---

1. *Chron. Centul.*, lib. III, pag. 480 et 481.
2. *Glossarium*, verbo *Corona*.
3. Gervasius Durovernensis (Gervais de Cantorbéry), auteur qui vivait au commencement du douzième siècle, et à qui l'on doit une *Historia rerum in Anglias gestarum*.

(4) *Histoire des évêques de Metz*, par M. Meurisse, évêque de Madaure, in-fol. Metz, 1634.

ne saurait faire l'objet d'un doute : il suffit de les voir pour être certain qu'aucune d'elles n'a jamais pu recevoir le moindre luminaire. D'ailleurs l'inscription suspendue RECCESVINTHVS REX OFFERET suffirait certainement, à elle seule, pour faire reconnaître un de ces *ex-voto* dont je viens de citer de si notables et de si nombreux exemples.

VII.

Les couronnes trouvées à Guarrazar ont-elles jamais été portées ?

Le caractère d'*ex-voto* n'exclurait pas absolument cette hypothèse, en ce qui concerne, du moins, les deux grandes couronnes ; car, pour les autres, leurs dimensions et la forme de plusieurs d'entre elles n'ont jamais pu leur permettre de s'adapter à une tête humaine. Quant aux deux grandes, on pourrait supposer qu'avant d'être consacrées à Dieu, elles avaient ceint le front de quelque prince. Cela n'est pas sans exemples ; de même que parfois aussi, plus rarement il est vrai, des princes ont emprunté, pour leur propre usage, au jour de leur intronisation, les couronnes votives suspendues dans l'église, quittes à les remettre en place après la solennité (1).

Le petit nombre d'archéologues qui se sont déjà occupés du trésor de Guarrazar, ont paru disposés à admettre la première de ces deux hypothèses. Ils ont pensé que les deux grandes couronnes avaient bien pu être portées avant leur consécration. Pour cela, ils se sont fondés :

1° Sur la dimension même des bandeaux, qui semble correspondre assez exactement à la grosseur d'une tête d'homme et à celle d'une tête de femme, ce qui a fait voir en elles les couronnes du roi et de la reine des Goths ;

2° Sur les charnières dont elles sont garnies ;

3° Enfin sur les petits anneaux, soudés de distance en distance à la bordure de la seconde couronne, comme on peut le voir par la figure et la description que j'en ai données ci-dessus, page 5.

Ces raisons ne me paraissent pas suffisantes, et je ne saurais, quant à moi, admettre les conclusions qu'on a prétendu en tirer.

(1) Constantin Porphyrogénète, *Lib. de administr. Imperal.*, cap. xiii.

D'abord la dimension ne saurait être considérée comme une preuve, puisque, sur huit couronnes, il y en a six qui, je le répète, sont beaucoup trop petites pour s'adapter à aucune tête d'homme, ni même d'enfant.

Quant aux charnières, on ne pourrait en tirer quelque induction que s'il y en avait plusieurs, formant une sorte de bandeau brisé qui pût prendre la forme de la tête. Mais ce n'est pas ici le cas. Chaque couronne n'a que deux charnières, ce qui ne lui enlève rien de sa rigidité. Les petites couronnes en ont comme les grandes. Cela ne prouve donc absolument rien, ou même cela prouverait plutôt le contraire de ce qu'on veut établir; car les couronnes princières, réellement destinées à être portées, sont généralement sans charnières.

Les petits anneaux ménagés à la bordure de la seconde couronne donneraient, je l'avoue, plus à penser. Leur position, qui n'est aucunement en rapport, à la partie supérieure, avec celle des chatons, ni, à la bordure inférieure, avec celle des pendeloques, rend à peu près impossible de supposer qu'ils aient servi à la suspension d'un ornement mobile. Je suis donc tout disposé à admettre, avec M. du Sommerard (1), que ces anneaux ont dû servir de points d'attache à quelque riche doublure. Toutefois, cela ne me paraît pas une preuve que la couronne ait été portée, et, s'il y a eu doublure, il est plus naturel de penser que c'était purement et simplement une affaire de luxe et d'élégance.

Mais je ne fonde pas seulement mon opinion à cet égard sur des raisons négatives : à mes yeux, l'usage vulgaire de ces couronnes ne saurait se concilier avec les pendeloques dont elles sont uniformément entourées à leur partie inférieure. Je sais bien que les pendeloques étaient alors singulièrement à la mode. On en voit aux diadèmes dont est ceint le front de Justinien sur les mosaïques de saint Vital de Ravenne (2), ainsi que dans plusieurs médailles des anciens empereurs; et Heineccius en cite plusieurs exemples dans son *Syntagma historicum de veteribus Germanorum sigillis* (3). Mais dans les figures de Justinien, les pendeloques ne garnissent que les côtés de la tête, et il ne pouvait guère en être autrement, surtout si on suppose ces pendeloques aussi longs que ceux

1) Article déjà cité.

2 Ciampini, *Vetera Monumenta*, tome II.

chapitre ix et planche XXII.

3 In-fol. Francfort, 1709.

de nos couronnes, car alors ils descendraient nécessairement jusque sur les yeux et le nez.

On pourrait dire, il est vrai, que si la couronne de Reccesvinthus a jamais été portée, les pendeloques auront été ajoutées au moment de sa consécration. Mais un détail de fabrication que jusqu'ici l'on n'a point relevé, rend, selon moi, cette hypothèse inadmissible, et prouve, de la manière la plus évidente, que la couronne dont il s'agit n'a jamais eu d'autre usage que celui d'*ex-voto*. En effet, les attaches des quatre chaînes de suspension sont, comme on peut le voir ici, engagées dans le bandeau même de la couronne, et recouvertes par la bordure cloisonnée.

Ce n'est donc point là une addition ultérieure; et, par conséquent, il devient évident pour tous que la couronne de Reccesvinthus n'a jamais pu être portée.

Quant aux trois couronnes à claires-voies, il suffit, je le répète, de considérer leur forme pour être forcément amené à résoudre négativement la question.

VIII.

A qui doit-on attribuer la consécration des ces précieux objets?

La réponse est facile, en ce qui concerne la couronne de Reccesvinthus; son inscription est assez claire. Mais pour les autres, on n'a pu établir jusqu'ici que de simples conjectures.

L'une d'elles se rapprochant par ses dimensions de la couronne du roi, on a voulu tout d'abord l'attribuer à la reine; puis, une fois entré dans cette voie hypothétique, on s'est demandé tout naturellement si les six autres couronnes de grandeurs graduées n'auraient pas appartenu par hasard aux enfants de Reccesvinthus. Il y avait quelque chose de séduisant à cet arrangement symétrique qui, d'un seul coup, résolvait toutes les attributions. La note insérée dans le *Moniteur universel*, au moment même de l'acquisition des couronnes, donnait cette explication comme probable, et un article publié bientôt après par le savant conservateur du

3

musée de Cluny, la reproduisit sous une forme tout à fait affirmative.

On n'avait négligé qu'une chose dans la précipitation de ces premiers travaux : c'était de vérifier d'abord si le roi Reccesvinthus avait jamais eu cette demi-douzaine d'enfants dont on le gratifiait bénévolement. Or, au moment de son décès arrivé en 672, Reccesvinthus avait, il est vrai, un fils en bas âge nommé Théodefred, dont l'extrême jeunesse fut cause que la couronne passa plus ou moins légalement sur la tête de Wamba (1). Mais, outre ce fils, on ne connaît à Reccesvinthus qu'une seule fille, laquelle devint plus tard mère d'Ervigius ou Éringius (2), par qui, à la mort de Wamba, Théodefred se vit évincé une seconde fois (3).

Reccesvinthus était donc loin de posséder cette nombreuse famille à laquelle on aurait voulu attribuer la fondation des six petites couronnes; d'où il résulte qu'on doit chercher à celles-ci une tout autre origine.

Mais ici, il faut bien en convenir, les indications nous manquent à peu près complétement, et la seule qui puisse nous guider dans nos recherches se trouve dans l'inscription gravée sur l'une des petites croix :

IN DEI NOMINE OFFERET SONNICA BEATE MARIE IN SORBACES.

Sonnica est un nom propre. Ce n'est pas celui du fils de Reccesvinthus; ce n'est celui d'aucun roi des Goths, ni d'aucun prince connu. Ne serait-ce donc pas le cas d'en revenir à ce passage déjà cité de Du Cange : *perspicuum est coronas ex principibus et magnatis templis olim oblatas…* (4), et n'y aurait-il pas lieu de penser que les couronnes secondaires qui accompagnent celle de Reccesvinthus sont probablement dues à la munificence des principaux seigneurs de sa cour ? La différence même de splendeur viendrait au besoin corroborer cette supposition.

(1) Roderici, archiepiscopi Toletani, *De rebus Hispaniæ*, lib. III, cap. xn.

(2) L'historien des *Reines catholiques d'Espagne*, Henrique Lopez, parait avoir ignoré le nom de cette princesse. Parlant du mariage de Chindasvinthus avec la reine Reciverga, il dit seulement : « De esto matrimonio nes refieren » los Escritores, tres hijos y una infanta… De » la hija nacio Egica, y de Reccesvintho la madre » de Ervigio. » *Memorias de las Reynas catholicas*, in-4°. Madrid, 1770, tome 1er, p. 22.

(3) Roderic Santius, *Hist. Hispan.*, part. II. cap. 33. — Théodefred, cependant, devait faire souche à son tour, et, dans la personne de son fils Rodéric, il fournit à l'Espagne un dernier roi de la dynastie des Goths. (Lucas de Tuy, Continuation de la Chronique d'Isidore de Séville.

(4) *Constantinop. Christian.*, lib. III. xlm.

On s'est demandé si *Sonnica* était un nom d'homme ou de femme. Je crois qu'il a dû appartenir à un homme. Les noms masculins terminés en *a* sont très-fréquents chez les Goths. Le propre frère de Reccesvinthus s'appelait Fafila, et, dans le même siècle, nous trouvons parmi les rois goths, Liuba, Suintila, Cinthila, Tulca, Wamba, Égica, Witiza (1). M. Lavoix a cité les noms de Froila, de Dunila, d'Afrila, d'Ella (2). Enfin Fexardo, dans sa *Corona gothica* (3), parle d'un certain évêque Arien *Sumca*, dont le nom se rapproche plus qu'aucun autre de celui de *Sonnica*. Cela suffit bien, sans doute, pour établir que le donateur de notre croix était très-probablement un homme. Mais quel était cet homme? Voilà ce que je ne saurais dire, et ce qu'il est fort à craindre qu'on ne puisse jamais découvrir! D'ailleurs ce nom, quel qu'il soit, ne se rapporte qu'à une seule croix, tout au plus à la couronne dont elle était le religieux ornement. Mais pour les autres croix, pour les autres couronnes, en l'absence de toute inscription, on ne saurait arriver à aucune conclusion positive. C'est uniquement par voie d'hypothèse et d'assimilation qu'on peut attribuer ces riches offrandes à la piété de quelques puissants seigneurs de la cour de Reccesvinthus.

IX

D'où proviennent les couronnes et les croix trouvées à la Fuente de Guarrazar ?

Selon toute probabilité, c'est lors de l'invasion des Maures, au commencement du huitième siècle, que ces précieux joyaux avaient été enfouis pour les soustraire à la rapacité du vainqueur. La solitude du lieu pouvait faire espérer qu'il échapperait, mieux qu'un autre, à l'attention, à la convoitise des pillards.

Cela n'a rien que de vraisemblable. Mais on ne s'en est pas tenu là : quelques personnes, déterminées sans doute par la prodigieuse valeur du trésor découvert à Guarrazar, n'ont pas hésité à penser que toutes ces richesses devaient nécessairement provenir de la cathédrale de Tolède.

(1) H. Grotius, *Historia Gotthorum*, in-8°. Amsterdam, 1604, prolégom. pag. 49 et 50.
(2) *L'Illustration*, tom. XXXIII, pag. 128.

(3) *Corona gothica, castellana e austriaca;* par D. Diego Saavedra Faxardo, in-4°, Anvers, 1681, tom. Ier, chap. xv, pag. 123.

Examinons les faits, et voyons d'abord ce que nous apprennent les anciennes chroniques locales.

Nous y trouvons effectivement qu'à l'approche des Maures, l'évêque Julien s'était empressé d'envoyer au loin une partie des richesses de sa cathédrale. Mais, moins soucieux de l'or que des objets d'une vénération traditionnelle, c'étaient surtout les reliques des saints que le digne prélat avait voulu soustraire à la fureur des mécréants.

Au milieu de tous les désastres qui désolaient l'Espagne à cette époque, seul le roi Pélage était parvenu à se maintenir indépendant, protégé qu'il se trouvait par les montagnes des Asturies. Ce fut donc à lui, selon Luitprand, que l'évêque Julien confia la garde des saintes reliques enlevées de Tolède (1). Faxardo, plus précis encore (quoique à la vérité plus sujet à caution) désigne le lieu même où elles furent déposées. C'était, s'il faut l'en croire, une montagne située à deux lieux d'Oviédo et que, depuis lors, dit notre auteur, on a toujours désignée sous le nom de *Sainté* (2).

Deux raisons, s'opposent donc à ce que les couronnes de Guarrazar puissent être considérées comme provenant du trésor de Tolède :

1º Ce n'est pas (et le bon sens le dirait à défaut de l'histoire), ce n'est pas aux portes de la ville, dans un lieu découvert et pour ainsi dire sous la main de l'ennemi que les chrétiens vaincus pouvaient songer à transporter les trésors qu'ils voulaient soustraire à sa rapacité. Et, en effet, nous venons de le voir, c'est bien loin de là, sur une terre restée chrétienne, que dans ces temps de malheur, ils cherchèrent un refuge pour les objets les plus précieux de leur culte ;

2º Les objets enlevés de la cathédrale de Tolède avant l'arrivée des Maures, consistaient non point en couronnes et en joyaux d'aucune sorte, mais uniquement en reliques et en reliquaires.

A cet égard, le témoignage des auteurs chrétiens se trouve contrôlé, confirmé par celui des historiens arabes eux-mêmes, qui nous donnent

(1) *Hoc anno, Julianus cognomento Urbanus, cum principe Pelagio, aliisque ducibus palatinis, Toleto in Asturias asportant arcam Sanctorum reliquiarum.... Metuentes ne, capta civitate per Sarracenos, illas irreverenter et impie tractarent.* (Luitprandi Chronicon, in-fº, Anvers, 1640.) Cet auteur, qui vivait au dixième siècle, avait été sous-diacre de Tolède.

(2) *Corona gothica, castellana e austriaca,* tom. Iᵉʳ, chap. xxx, page 239.

très au long le détail des richesses que la cathédrale de Tolède renfermait encore lorsqu'elle tomba aux mains des infidèles.

M. de Gayangos a soigneusement reproduit cette longue énumération dans son *Histoire des dynasties Mahométanes en Espagne* (1). L'un des auteurs qu'il cite, Al-Kazraji, écrivain arabe du douzième siècle, mentionne, parmi beaucoup d'autres objets, « vingt-cinq couronnes d'or « enrichies de pierreries, une pour chacun des rois qui avaient régné « sur ces contrées ; car, » ajoute le même auteur, « c'était l'usage que, « chacun d'eux déposât dans le lieu sacré, avant sa mort, une couronne « portant une inscription sur laquelle étaient indiqués son nom, une « description sommaire de sa personne, la durée de sa vie et de son « règne, et le nombre de ses enfants (2). »

Ce texte, s'il est fidèlement traduit, contient, il faut l'avouer, d'assez plaisantes naïvetés. On se demande comment ces bons rois goths pouvaient, *avant leur mort,* indiquer la durée de leur vie et de leur règne. L'auteur cité par M. de Gayangos n'ayant jamais été imprimé, je n'ai eu aucun moyen de vérifier l'exactitude de ce détail. Il a, du reste, peu d'importance pour la question qui m'occupe. Le seul fait dont je veuille tirer parti est l'existence à Tolède, lors de l'entrée des Maures, de couronnes votives en nombre égal à celui des rois goths, portant chacune le nom d'un de ces rois. Ce fait, trop singulier pour être inventé, et très-nettement indiqué par Al-Kazraji, se trouve confirmé par un autre historien arabe que M. de Gayangos a également cité (3). D'ailleurs, l'inscription du même genre placée sur notre couronne, encore inconnue lorsque M. de Gayangos a publié son livre, vient démontrer que, sous ce rapport, du moins, les textes cités doivent être parfaitement exacts.

De tout cela, les conséquences à tirer sont très-claires :

Évidemment la couronne découverte à Guarrazar ne devait pas pro-

---

(1) Deux volumes in-4°, Londres, 1840.

(2) *He found likewise twenty five royal diadems beautifully ornamented with jewels, one for each of the kings who had ruled over the country, since it was a costum among them for every monarch to deposit there, before his death, a crown of gold bearing an inscription indicative of his name, personnal description, duration of his life and reign, and the children he had.* (The history of the mohammedan dynasties in Spain, by D. Pascual de Gayangos, vol. 1, appendix D, pag. xlviii.)

(1) Manuscrit anonyme, traduit par extraits. (Tom. Ier, appendix E, pag. lxxii.)

venir de la cathédrale de Tolède, puisqu'en prenant possession du trésor de cette ville, les Maures y trouvèrent celle que Reccesvinthus y avait déposée de son vivant, et qui portait son nom.

Mais alors, d'où pouvaient donc provenir les couronnes de Guarrazar? Ici encore, la seule indication qui puisse nous guider se trouve dans l'inscription déjà plusieurs fois citée de l'une des croix :

IN DEI NOMINE OFFERET SONNICA SANCTE MARIE IN SORBACES.

Les mots *Beatæ Mariæ* indiquent le vocable de l'Église où avaient été consacrés cette croix et probablement tout le reste du trésor. Mais le nombre des églises dédiées à la sainte Vierge est si considérable qu'on ne peut songer à les distinguer entre elles que par le nom propre de la localité. Or, cette désignation spéciale c'est bien évidemment ici dans les mots *in Sorbaces* qu'il faut la chercher.

Depuis près d'un an, tous les dictionnaires géographiques français et espagnols ont été feuilletés pour découvrir une localité à laquelle pût s'appliquer ce nom, et je ne sache pas qu'on ait rien trouvé de satisfaisant.

On a voulu voir alors dans les mots *in Sorbaces* la désignation d'une ancienne ville depuis longtemps détruite.

Cette dernière opinion me paraît complétement inadmissible. D'abord, il serait bien singulier qu'auprès d'un trésor si parfaitement conservé, on n'eût pas trouvé la moindre ruine, le moindre vestige de cette ville prétendue, si elle avait réellement existé. Ensuite la construction même de la phrase me paraît exclure l'idée que *Sorbaces* pût être un nom de ville proprement dit. Dans ce cas, en effet, on eût écrit *Beata Maria de Sorbaces* ou *Beata Maria Sorbacensis*, et non pas *in Sorbaces*. On trouve partout *sancta* ou *beata Maria Parisiensis*, *sancta Maria de Podio*, et autres locutions semblables; mais on ne trouverait nulle part *sancta Maria in Parisios* ou *in Podium*.

Pour ma part donc, après avoir bien étudié la question, je me trouve amené à conclure qu'il ne faut pas chercher ici un nom de ville ni de province. Le mot *Sorbaces* n'est, j'en suis convaincu, qu'une appellation qualificative, destinée à désigner une de ces nombreuses chapelles isolées, un de ces lieux de dévotion consacrés en si grand nombre à la sainte Vierge et enrichis par la piété des pèlerins.

J'en vois l'étymologie dans le mot *sorbus*, nom générique d'un arbre, le sorbier, dont une variété connue sous le nom de *cormier*, croît volontiers dans les parties montagneuses des pays méridionaux (1). Cet arbre n'est pas rare aux environs de Tolède. Il est permis de supposer qu'il y croissait encore en plus grande abondance à une époque reculée, où le pays était vraisemblablement beaucoup plus boisé qu'aujourd'hui.

Sorbaces, il est vrai, ne saurait être pris pour synonyme de *sorbus*. Mais je ne doute pas que ce mot, en basse latinité, n'ait servi à désigner un lieu planté de cormiers, comme le mot *pomarium*, dérivé de *pomus*, désignait un verger planté de pommiers (2), et le mot *nuccarium*, dérivé de *nuccus*, indiquait une plantation de noyers (3).

Par analogie grammaticale, de *sorbus* on aurait dû, il est vrai, faire *sorbarium ;* et, en effet, je trouve ce mot dans un vieux glossaire italien, celui de Lorenzo de Lucques (4). Mais on sait aussi combien, dans ces siècles barbares, la construction des mots était devenue arbitraire. Il ne me semble pas du tout improbable que les clercs de la cour des rois goths aient employé le mot *sorbacis* au lieu du mot *sorbarium*, lorsque, au dixième siècle, je trouve *pomaris* communément employé, et cela en Espagne, au lieu de *pomarium*. L'évêque d'Astorga Gennadius écrit en 953 : *Vineas et pomares plantavi* (5); à quoi Du Cange, qui cite ce texte au mot *Pomaris*, ajoute : *Occurrit non semel in hâc Charta, et aliis tabulis Hispanicis.*

Il y avait là, évidemment, un idiotisme local qui semble en quelque sorte le germe de ces nombreuses appellations de lieux conservées avec la même désinence dans l'espagnol moderne, et dont je me bornerai à citer, pour seul exemple, le mot si connu de *manzanarès*, dérivé de *manzana* (pomme).

(1) *Amat loca humida, montana...* (Palladii, *De Re rustica*, lib. II, tit. xiv). — Voyez aussi Pline (*Historia naturalis*, lib. XV, cap. 23 et seq.)

(2) *Glossarium mediæ et infimæ latinitatis*, verbo *Pomarium*.

(3) Ibid., verbo *Nuccarium*.

(4) *Sorbarium, locus sorborum*. (J. Laurentii Luccensis *Amalthea onomastica*, in-4°, 1640.)

(5) Apud Antonium de Yepez, tom. IV *Chron. ordinis Sancti Benedicti.*

Je n'hésite donc pas à penser que le mot *sorbacis*, au pluriel *sorbaces*, signifie tout simplement un lieu planté de cormiers.

Or, les localités qui tirent leur nom des arbres dont elles furent autrefois plantées sont partout en grand nombre, et il est facile de se convaincre que cet usage remonte très-haut.

Le musée d'Auch conserve une inscription romaine des premiers siècles, découverte dans les Pyrénées, où on lit : SEX ARBORIBVS Q. FLAVIVS GERMANVS V. S.

En France, nous avions Notre-Dame-de-l'Épine et l'abbaye de la Charmoye près Châlons, Notre-Dame-de-l'Ozier près Lyon, deux Notre-Dame-du-Chêne, l'une en Flandre et l'autre dans l'Anjou, Sainte-Marie-aux-Chênes en Lorraine, Noyers (Beata Maria de Nuccariis) en Touraine, le prieuré de la Saussaye près Paris, Saint-Martin-du-Tilleul, l'humble village normand dont M. Le Prévost a donné une si intéressante histoire, et bien d'autres exemples du même genre, parmi lesquels je ne puis oublier Saint-Aubin-du-Cormier (Ille-et-Vilaine) où je retrouve précisément le nom français du *Sorbus*, qui sert de point de départ à cette dissertation. Ne serait-il pas naturel d'assigner aussi la même étymologie au nom de l'ancienne et célèbre abbaye de Cormery, en Touraine?

En Allemagne, je me bornerai à citer l'église des Grands-Tilleuls, située à Giessen dans la Hesse, qui, tout récemment, a fait l'objet d'une savante publication (1). Et enfin, pour ne mentionner plus que les exemples qui se lient le plus étroitement à mon sujet, je nommerai seulement encore, parmi les églises d'Espagne, une Vergen del Pinar (Notre-Dame-des-Pins), et un San-Martin-de-Castagneda, situé dans ce même diocèse d'Astorga, dont l'évêque Gennadius écrivait si couramment *pomaris* pour *pomarium*.

Voici bien des exemples de localités empruntant leur nom aux plantations voisines. Pourquoi révoquerait-on en doute l'existence aux environs de Tolède, de cette Notre-Dame-des-Cormiers que semble si clairement indiquer l'inscription *Beatæ Mariæ in Sorbaces*?

In Sorbaces, je l'avoue, laisse quelque chose à désirer. C'est *in sorbacibus* qu'il aurait fallu dire. Mais, en fait de latin de cette époque, ne

______

(1) *Die Kirche zu Grossen Linden bei Giessen in Oberhessen.* von Joh. Val. Klein, in-8°, 1857.

sommes-nous pas habitués à bien d'autres fautes? Sur la croix même qui porte les mots *in Sorbaces* ne lisons-nous pas le mot *offeret* employé pour *offert?* A qui a pu commettre un barbarisme, le solécisme ne devait peser guère, et l'écrivain qui conjuguait ainsi le verbe *offerre* était bien capable, on peut le présumer, de confondre un àccusatif avec un ablatif. *In* employé avec un accusatif ne peut guère être compris que dans le sens d'*inter*, et il est précisément à remarquer que l'acception que je donne au mot *sorbaces* est la seule qui pourrait se plier à cette interprétation.

Il y a là, selon moi, plus de raisons qu'il n'en faut pour démontrer clairement que *Beata Maria in Sorbaces* n'a jamais voulu dire autre chose que Notre-Dame-des-Cormiers.

Ce nom, dans ma conviction intime, était celui du lieu vénéré où furent déposées tant de riches offrandes, et qui, ensuite, après la ruine de la chapelle et pendant la longue domination des Maures, changea sans doute son nom chrétien contre le nom arabe que nous lui connaissons aujourd'hui.

X

Toutes les couronnes et les croix trouvées à Guarrazar ont-elles été données en même temps, et, dans ce cas, à quelle occasion cette riche offrande a-t-elle pu être consacrée?

La première de ces deux questions serait, je crois, bien difficile à résoudre aujourd'hui. Nous n'avons de date certaine et absolue que pour une des couronnes, celle de Reccesvinthus, et, bien que les autres paraissent à peu près contemporaines, rien n'indique qu'elles aient été déposées précisément à la même époque sur l'autel de la sainte Vierge, qu'elles aient fait, en un mot, partie du même vœu. Cela paraît probable ; voilà tout ce qu'on peut dire.

Du reste, la couronne de Reccesvinthus dépasse tellement toutes les autres, sous le double rapport de la valeur matérielle et de l'intérêt archéologique, que ce serait déjà beaucoup que de connaître la circonstance particulière qui a pu déterminer la consécration d'un si précieux joyau.

4

Plusieurs hypothèses se présentent tout naturellement à ce sujet. Le tout est de choisir la plus vraisemblable.

Ainsi, d'abord, on pourrait voir ici l'accomplissement d'un vœu, motivé par quelque grave événement de famille, comme, par exemple, la naissance tardive et longtemps désirée de l'héritier du prince. De même on pourrait peut-être y reconnaître un de ces actes de dévotion destinés à fléchir la colère céleste, et accomplis sous le coup d'une terreur extrême, comme celle dont toute l'Espagne, au dire des chroniqueurs (1), fut saisie à l'occasion de l'éclipse totale de soleil qui eut lieu en l'an 655.

Mais Reccesvinthus était un monarque éclairé pour son siècle, un législateur plein de sagesse (2). Il est plus naturel d'attribuer ses actes à une ardente piété qu'à une superstitieuse terreur, et, quant à moi, je rattacherais plus volontiers la consécration de notre précieuse couronne à l'un des grands événements religieux qui signalèrent le règne de Reccesvinthus.

Parmi ces derniers, il faut signaler l'apparition de la vierge Marie à saint Ildefonse, archevêque de Tolède, miracle raconté avec grand détail par tous les hagiographes, et qui dut stimuler singulièrement alors la dévotion du peuple espagnol pour la mère du Sauveur.

Sous la pieuse influence d'Ildefonse, plusieurs conciles furent aussi célébrés pendant le règne de Reccesvinthus, et ce fut dans l'une de ces solennelles assemblées (le dixième concile de Tolède, tenu en 656), que l'Eglise institua, en l'honneur de la sainte Vierge, la fête de l'*Expectatio partûs* (3), que, depuis lors, l'Espagne a toujours continué à célébrer huit jours avant celui de la Nativité du Christ (4).

Une circonstance aussi solennelle que celle-là suffirait bien à motiver l'offrande de la belle couronne trouvée à Guarrazar, et mieux qu'un événement de famille, elle pourrait expliquer la consécration simultanée, la donation faite à la même date, par divers princes ou puissants seigneurs, des autres couronnes trouvées avec celle de Reccesvinthus.

---

(1) **Roderic de Tolède**, liv. III, chap. 22.

(2) *Leges a predecessoribus suis editas firmarit, atque quasdam addidit, omnes honestati convenientes.* (Chronicon mundi, lib. III.)

(3) Padilla, *Historia ecclesiastica de España*, part. II, fol. 265.

(4) *Joannis Vasæi Brugensis rerum hispanicarum Chronicon*, sub anno 656.

Ce ne sont là pourtant, je le répète, que de simples hypothèses. Car, au dire de tous les historiens, Reccesvinthus enrichit de ses largesses un grand nombre d'églises (1), et rien ne rattache positivement le don de la couronne que nous possédons à l'un des mémorables événements que je viens de rappeler.

XI

A quel art appartiennent les précieux objets d'orfévrerie trouvés à la Fuente de Guarrazar ?

Le procédé le plus sûr pour arriver à résoudre cette question me paraît être de comparer d'abord les objets dont se compose le trésor de Guarrazar avec le très-petit nombre de monuments du même genre qui existent encore ; de corroborer cette comparaison par l'étude des textes ; et enfin de rechercher, d'examiner, toujours comparativement, les procédés de fabrication communs à ces divers objets et qui peuvent les caractériser.

Pour la forme générale, il est impossible de ne pas trouver une analogie d'aspect fort remarquable entre les deux grandes couronnes de Guarrazar et celles que conserve ou conservait naguère encore, le trésor de Monza. Je veux parler de la couronne de fer et de celle de Théodelinde. Quant à la couronne d'Agilulphe, bien qu'elle n'existe plus, on en a le dessin (2), et celui-ci rappelle singulièrement la forme du bandeau à arcades dont se compose la plus petite de nos couronnes (planche III, fig. 3). A Monza comme à Guarrazar, des croix étaient suspendues au milieu des diadèmes, ainsi qu'on peut le voir encore au tympan de la grande porte de l'église, sur cet antique bas-relief où se trouvent si exactement représentés les magnifiques présents de la reine des Lombards.

Cependant, il faut le reconnaître, d'assez notables différences existent entre les couronnes de Guarrazar et celles de Monza. Les nôtres n'ont

---

(1) *Templa et sacra altaria variis ornamentis exornavit,* (J. Vasæi, *Rerum hispanicarum Chronicon.*) — *Altaria Christi auro, argento, gemmis et sericis summo studio decorabat.* (*Chronicon mundi*, lib. III.)

(2) Frisi. *Memorie storiche di Monza.*

que deux charnières; celles de Monza en ont six ou même davantage; et, tandis que la couronne de Reccesvinthus se fait remarquer par de nombreux ornements en verre rouge cloisonné, la couronne des rois lombards nous apparaît enrichie de ces brillants émaux translucides que l'empire d'Orient savait seul fabriquer alors.

En présence de procédés si différents, la similitude d'usage ne suffirait évidemment point à établir la similitude d'origine. Mais, comme nous le verrons tout à l'heure, le trésor de Monza renferme d'autres objets qui semblent se prêter beaucoup mieux à des rapprochements avec les précieux joyaux de Guarrazar.

J'ai déjà dit, en décrivant la couronne du roi Reccesvinthus, qu'à mes yeux les ornements les plus caractéristiques qu'on pût y découvrir étaient cette double bordure, ces lettres pendantes, ces palmettes à jour ménagées sur le champ du bandeau, garnies, les unes comme les autres, de petits fragments de verre rouge cloisonnés d'or.

Quelques doutes, je le sais, ont été émis sur la nature même de ces ornements. Plusieurs personnes ont cru y voir des cornalines (1) ou des grenats (2) plutôt que des morceaux de verre.

Quelques fragments de ces deux pierres figurent peut-être bien, çà et là, dans l'ornementation de la couronne de Reccesvinthus; mais ce que je puis affirmer, après l'examen le plus minutieux, c'est que la matière qui fait le fond de cette riche ornementation est réellement du verre.

M. du Sommerard, qui tenait autant que moi à vérifier le fait, a bien voulu soumettre à une épreuve tentée en commun, quelques petits fragments tombés de la couronne. Or, nous sommes parvenus assez facilement à les rayer avec une pointe d'acier, résultat que nous n'aurions certainement pas obtenu, s'il s'était agi de grenats ou de cornalines.

D'ailleurs, ces fragments se composent de petites lames d'une épaisseur parfaitement homogène, ce qui est l'état habituel du verre, tandis que le grenat ou la cornaline exigeraient un travail considérable de la part du lapidaire qui voudrait les débiter en lames de cette espèce.

Quel est le plus simple, le plus naturel : — de supposer qu'on ait cher-

---

(1) M. du Sommerard, article déjà cité, et M. Lavoix dans l'*Illustration* du 19 février 1859.

(2) *Gazette des Beaux-Arts* du 1er mars 1859, page 312, article de M. Darcel.

ché à imiter des pierres fines au moyen du verre ? — ou bien qu'on ait pris une peine extrême pour donner l'aspect du verre aux pierres fines ?... Poser cette question, c'est la résoudre.

Enfin, rappelons-nous que, dans la composition de cette bordure à fond rouge, dont est ornée notre couronne, il entre, de distance en distance, quelques fragments verts absolument de même nature. Ceux-là évidemment ne sont pas des grenats, et comme personne, je suppose, ne s'avisera de les prendre pour des émeraudes, il faut bien reconnaître qu'abstraction faite de leur couleur, la matière première de tous ces fragments n'est autre que du verre.

Nous voilà donc fixés sur la nature des ornements qui caractérisent le mieux, selon moi, l'art auquel peut appartenir la couronne de Reccesvinthus. C'est du verre cloisonné.

Pendant longtemps, on ne connaissait en fait d'objets d'un travail analogue, que la garniture d'épée de Childérie et quelques autres menus objets, également trouvés dans son tombeau à Tournay, lesquels sont actuellement conservés au musée du Louvre (1).

Mais, depuis quelques années, un bon nombre de bijoux de même nature, c'est-à-dire ornés de verres rouges cloisonnés, ont été découverts ou reconnus en France, en Angleterre, en Suisse et en Italie.

Je citerai d'abord la belle collection d'objets de ce genre parfaitement analogues à ceux de Tournay, trouvés à Pouans, en Champagne, et dont l'Empereur vient de faire l'acquisition. Ils ont été publiés avec beaucoup d'exactitude dans le *Portefeuille archéologique* (2). Après eux, je mentionnerai les nombreuses et très-intéressantes fibules anglo-saxonnes de la collection Mayer, décrites par Faussett, et reproduites par M. Roach-Smith dans son *Inventorium sepulchrale* (3) ; ainsi que les fibules, les boucles, les boutons trouvés dans différentes sépultures franques et très-minu-

---

(1) Les joyaux de Childéric décrits pour la première fois par Chifflet, il y a deux cents ans, ont été reproduits par beaucoup d'autres auteurs, entre lesquels je citerai seulement D. Bernard de Montfaucon, l'illustre auteur des *Monuments de la monarchie française*, et M. l'abbé Cochet, qui, dans un travail tout récent, a rectifié fort à propos diverses erreurs trop longtemps accréditées. Là aussi, dans les joyaux de Childéric, beaucoup d'archéologues avaient voulu voir des grenats au lieu de verre rouge.

(2) *Portefeuille archéologique* de M. A. Gaussen, *Antiques*, planche Ire.

(3) In-4°. Londres, 1856.

tieusement décrites par M. l'abbé Cochet dans sa *Normandie souter-
raine* (1).

Mais les recherches des archéologues se sont encore si peu tournées
de ce côté que d'autres monuments très-importants de cette industrie
spéciale ont passé jusqu'ici inaperçus, sont restés inédits, ou, ce qui
est peut-être pis, se sont vus décrits de la façon la plus inexacte.

Je me bornerai à en citer deux exemples :

Le premier est un charmant petit reliquaire conservé, je pourrais dire
enfoui, dans le trésor de Saint-Maurice en Valais. Sur trois de ces fa-
ces, ce précieux reliquaire est revêtu de verroteries rouges cloisonnées
d'or, avec des perles et des camées pour ornements. La quatrième face
est recouverte d'un réseau en filigrane d'or, dont chaque losange renferme une lettre, de manière à former l'inscription suivante :

TEVDERICVS PRESBITER IN HONVRE SCI MAVRICII FIERI
IVSSIT AMEN — NORDOALAVS ET RHILINDIS ORDENARVNT
FABRICARE — VNDIHO ET ELLO FICERVNT.

Ce n'est pas ici le lieu de décrire ni d'étudier en détail le reliquaire de
Saint-Maurice. Ce que je veux constater seulement, ce sont les indications
qui ressortent de l'inscription. Theuderic, Nordoalaus, Rhilindis, Undiho,
voilà quatre noms qui n'ont rien, je pense, d'une origine méridionale ou
latine. Leur réunion ne suffit-elle pas pour donner un cachet tout septentrional au monument qui nous les a transmis ?

Le second exemple que je veux citer et qui me ramène à Monza, est
un superbe évangéliaire conservé dans le trésor de cette église. Quant à
ce monument-là, il n'est pas complétement inédit. Frisi en a même donné
une figure dans ses *Memorie storiche di Monza* (2) ; mais la planche est
si mauvaise, et la description si obscure, qu'un auteur moderne, trompé
sans doute par les mots *greco lavoro* dont s'est servi Frisi, a cru pouvoir
donner comme un des curieux monuments de l'émaillerie, cet évangéliaire où il n'y a, pour ainsi dire, pas trace d'émail.

<hr>

(1) Un volume grand in-8°. Dieppe. 1855   (2) Tome III, page 59 et suivantes.

En réalité, les deux plats de la reliure, revêtus d'une lame d'or pesant soixante onces, sont chargés chacun d'une croix toute constellée de perles et de pierreries et bordée d'incrustations en verre rouge. Une autre bordure, plus riche et de même fabrication, encadre le volume.

Or, à cette bordure je trouve un dessin, sinon parfaitement semblable, du moins parfaitement analogue à celui qu'on observe sur la couronne de Reccesvinthus. Dans l'un comme dans l'autre, le tracé de cloisonnage se compose d'une suite d'arcs de cercle entrelacés régulièrement, de manière que chaque circonférence présente quatre points d'intersection équidistants. Comme on peut le voir par les deux figures gravées que je rapproche ici l'une de l'autre, la seule différence entre les

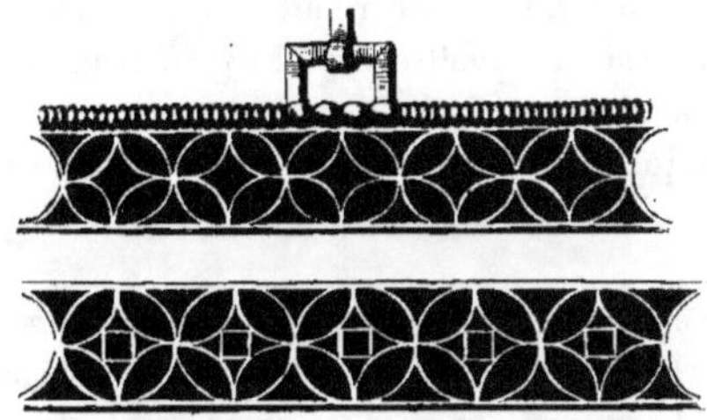

deux dessins consiste en un petit carré inscrit entre la partie convexe des arcs de cercle, lequel carré existe en plus sur l'évangéliaire de la reine Théodelinde.

Ajoutons que le même dessin se retrouve également sur un petit bijou en verre rouge cloisonné, d'origine malheureusement inconnue, que possède le cabinet des antiques de Paris (1).

Une similitude aussi complète ne saurait être l'effet du hasard. Au point de vue de la fabrication, elle assigne évidemment une origine commune à ces divers objets.

Dès lors, il n'est pas sans intérêt de rechercher quelle a pu être la provenance primitive de l'évangéliaire de Monza.

Un auteur qui a grande autorité en ces matières, M. Labarte (2), a cru

(1) Voyez la *Revue archéologique* du 15 août 1857, planche II, article de M. Vallet Viriville.

(2) *Recherches sur la peinture en émail.* In-4°, Paris, 1856, page 15.

y reconnaître le livre des saintes Écritures que Grégoire le Grand avait envoyé à Théodelinde pour son fils Adaloald, ainsi qu'il résulte du passage suivant d'une lettre adressée par le saint pontife à la reine des Lombards : *Excellentissimo autem filio nostro Adulowaldo regi transmittere curavimus..... lectionem sancti Evangelii thecâ persicâ inclusam.*

Ce passage est très-clair assurément ; mais en résulte-t-il que l'évangéliaire envoyé par le pape Grégoire soit précisément celui qui se voit aujourd'hui à Monza ? Rien ne le prouve. Un vieil inventaire de 1245 nous apprend, en effet, qu'à cette époque déjà, l'église de Monza possédait trois exemplaires des Évangiles ; et un second inventaire de 1283 mentionne encore un autre évangéliaire connu sous le nom assez singulier de *Talliocore* (1). Or c'est ce dernier que Frisi attribue à la munificence du pape Grégoire, et qu'il croit reconnaître dans le livre si richement relié qu'on a conservé jusqu'à nos jours.

Mais, sans invoquer d'autre témoignage que celui de Frisi lui-même, il est facile de démontrer son erreur, qui, plus tard, a entraîné celle de M. Labarte :

Le *Talliocore* était orné de soixante-huit pierres précieuses répandues à la bordure (*circumquaque per orlum*). — L'évangéliaire encore existant n'a pour bordure qu'un encadrement en verre cloisonné, sans un seul chaton.

L'inscription indiquant l'origine du *Talliocore* était placée *à l'intérieur* du livre. — Celle de l'évangéliaire conservé se lit sur un des plats de la reliure.

La première inscription consistait en ces mots : DONVM THEODELIN-DAE REGINAE BEATO IOHANNI BAPTISTAE DE MODICIA. — La seconde est ainsi conçue : DE DONIS DĪ OFFERIT THEODELINDA REG GLORIOSIS-SISSEMA SCO IOHANNI BAPT IN BASELICA QVAM IPSA FVND IN MODI-CIA PROPE PALATIVM SVVM.

Loin qu'il y ait identité entre ces deux objets, il est donc évident qu'on ne saurait confondre l'un avec l'autre. Si celui auquel on donnait le nom de *Talliocore* provenait réellement de Grégoire le Grand, il est certain

(1) Frisi, *Memorie storiche di Monza*, tome II, page 137.

qu'on ne peut assigner la même origine à celui qui nous reste aujour-
d'hui. Et, en effet, la teneur même de l'inscription exclut cette idée : Est-
il présumable que Théodelinde, enrichissant l'église de Monza des dons
faits à son fils par l'illustre pontife, eût omis cette circonstance importante, tandis qu'elle donnait, dans la même inscription, des indications
si minutieuses sur d'autres circonstances d'un bien moindre intérêt ?

Tout, ce me semble, doit porter à penser que le bel évangéliaire de
Monza fut un gage direct de la munificence de Théodelinde, princesse
d'origine germanique, comme on le sait, puisqu'elle était née en Bavière.

Si maintenant on considère la décoration caractéristique de cet évangéliaire, qui n'a aucun analogue parmi les autres joyaux conservés à Monza,
ni parmi les œuvres primitives de l'orfévrerie italienne, n'est-il pas permis de voir dans cette riche reliure un monument de l'art septentrional,
se rapprochant, par plusieurs de ses caractères, de ceux qui ont été récemment découverts dans différentes contrées de l'Europe ?

Cette question était pour moi très-importante à élucider. Je tenais, on
doit le comprendre, à écarter tout d'abord une présomption d'origine
romaine ou orientale, impossible à concilier avec la théorie qui résulte,
selon moi, de faits très-significatifs, quoique peu nombreux encore, et
qu'on avait négligé jusqu'ici de rapprocher les uns des autres.

Dans ma conviction intime, l'orfévrerie ou la joaillerie à décoration de
verre rouge cloisonné n'a été pratiquée en aucun pays que par des
peuples d'origine germanique :
    Chez nous, par les Francs venus à la suite des premiers Mérovingiens ;
    En Angleterre, par les conquérants anglo-saxons ;
    En Suisse, par les Burgundes ;
    En Italie, par les Goths ou les Lombards.

Et j'ajouterai que, dans tous les pays que je viens de citer, l'industrie
dont il s'agit a été, non point trouvée, mais importée par les peuples envahisseurs.

Si cette théorie, que je suis le premier, je crois, à énoncer d'une manière aussi positive, si cette théorie, dis-je, est exacte, il faut voir un

nouvel exemple à l'appui dans les curieux ornements qui enrichissent la couronne de Reccesvinthus, de ce roi goth appartenant, lui aussi, à une de ces dynasties conquérantes parties du nord de la Germanie.

La couronne de Reccesvinthus, et, par assimilation, celles qui l'accompagnent, devraient donc être considérées comme les produits d'un art d'origine septentrionale.

Cependant un très-savant archéologue a voulu les rattacher à l'art, national pour nous, des Abbon et des Éloy (1). Mais les aspirations d'un patriotisme d'ailleurs fort respectable, n'ont-elles pas eu trop de part à l'établissement de cette hypothèse? Tout me porte à le croire.

D'abord, je ne sache pas qu'aucune œuvre d'orfévrerie d'Abbon soit parvenue jusqu'à nous; et, quant à saint Éloy, nous ne connaissons guère de lui que des monnaies et le dessin plus ou moins exact d'une croix conservée jusqu'à la révolution dans l'abbaye de Saint-Martin en Limoges (2). Je ne parle pas, et pour cause, du fauteuil de Dagobert.

Si l'on examine la croix, seul point de comparaison qui puisse être raisonnablement invoqué, ce qu'on remarque de plus caractéristique, c'est l'emploi multiplié des filigranes si chers aux artistes mérovingiens, et, dans la forme générale, les traces évidentes de l'art romain abâtardi. Eloy et les premiers orfévres de Limoges appartenaient à l'école gallo-romaine.

Rien de tout cela dans la couronne de Reccesvinthus, ni dans les autres joyaux de Guarrazar! Point de filigranes, point de réminiscences antiques, et, tout au contraire, emploi d'un genre de décoration dont, nulle part et jamais jusqu'à présent, l'art méridional n'a offert le moindre exemple!

Plus je compare, et plus je me trouve donc confirmé dans cette opinion que les couronnes de Guarrazar appartiennent à un art d'origine nordo-germanique.

Faut-il en conclure nécessairement que Reccesvinthus les eût fait fabriquer au fond de la Germanie? — Non certainement!

D'une part, il pouvait fort bien avoir attiré à sa cour des artistes du Nord.

(1) La *Correspondance littéraire*, mars 1859.

(2) Voyez le dessin de l'abbé Legros reproduit par l'abbé Texier dans son *Essai sur les argentiers et les émailleurs de Limoges*, in-8°, 1843.

D'autre part, il est également admissible que ces royautés conquérantes, en écrasant sous leurs pas les restes de la civilisation romaine, avaient importé à leur suite et naturalisé, jusqu'à un certain point, chez les vaincus l'industrie de leur ancienne patrie.

S'il en fut ainsi, néanmoins, il faut convenir que cette naturalisation n'a jamais poussé de racines bien profondes. Car je ne sache pas qu'en aucun pays, on ait trouvé, passé le septième ou le huitième siècle, aucune trace de cette industrie toute spéciale, ni qu'on en connaisse aucun monument important qui ne se rattache directement à l'histoire d'une de ces dynasties éphémères.

L'orfévrerie à incrustations cloisonnées présente en général un caractère d'uniformité très-remarquable. Cependant, il faut bien le reconnaître, on observe parfois aussi quelques variétés d'application dans ses procédés. La couronne de Reccesvinthus est, sous ce rapport, curieuse à étudier. On y remarque deux particularités que je dois noter :

Le verre rouge transparent dont est orné le cloisonnage de la bordure, se retrouve, sans cloisonnage, employé, comme nous l'avons vu, à la décoration du bandeau, dont il remplit, dont il *vitre* en quelque sorte les parties découpées à jour. Nulle part ailleurs, je ne l'ai vu employé de cette façon.

Il faut citer aussi, comme une singularité tout exceptionnelle, les lettres cloisonnées et incrustées de verre rouge, qui, suspendues tout autour du bandeau, forment l'inscription votive.

Mais ces particularités de détail ne sauraient empêcher que la couronne de Reccesvinthus ne se rattache, par les parties les plus importantes de ses décorations, à un art dont je crois avoir démontré suffisamment l'origine première, source commune de toutes ses applications.

Les autres couronnes n'offrent pas, j'en conviens, des indications aussi précises. Cependant, bien des raisons peuvent les faire considérer comme ayant la même origine que la couronne de Reccesvinthus. Je me bornerai à signaler, à l'appui de cette opinion : 1° l'analogie qui existe entre plusieurs d'entre elles et les couronnes de Monza ; 2° la forme étrange et insolite des couronnes à claire-voie ; 3° la presque certitude où l'on est qu'elles furent enfouies, dès avant l'invasion des Maures, dans le lieu même où on les a trouvées avec celle du roi.

J'en dirai autant des croix, sauf une seule, celle qui accompagne la couronne de Reccesvinthus.

Quant à cette dernière, la monture à jour des pierreries, et la forme des fleurons épanouis qui composent cette monture, peuvent donner beaucoup à penser. Elles semblent, jusqu'à un certain point, se rattacher à un art très-différent de celui qui nous a valu les autres joyaux du trésor de Guarrazar, à un art plus méridional et plus imbu des traditions de l'antiquité romaine. Le premier joaillier. du roi Reccesvinthus pourrait bien n'avoir pas appartenu à la même école, à la même famille d'artistes que ses orfèvres.

XII

Les plus savantes recherches n'ont de valeur, selon moi, que si elles mènent à des conclusions précises.

Pour compléter mon travail, j'ai donc à résumer en quelques mots les diverses questions que j'ai soulevées et l'interprétation dont elles me paraissent susceptibles.

Mes conclusions, les voici :

Les couronnes trouvées à la Fuente de Guarrazar sont éminemment des couronnes votives ;

Elles n'ont jamais été portées ;

Leur consécration se rattache probablement à l'un des événements du règne de Reccesvinthus et de l'épiscopat de Saint-Ildefonse, qui ont provoqué en Espagne une si grande dévotion à la sainte Vierge ;

On ne peut savoir exactement par qui furent données les couronnes autres que celles de Reccesvinthus. Il n'est pas improbable cependant que la plus grande fût une offrande de la reine, tandis que les six autres auraient été consacrées par les principaux officiers de la cour ;

Le lieu d'où provient ce trésor devait être quelque chapelle ou lieu de pèlerinage consacré à la sainte Vierge sous le nom de Notre-Dame-des-Cormiers ;

Tous ces objets, bien que trouvés en Espagne, paraissent appartenir à un art dont l'origine toute septentrionale serait la même que celle de la dynastie conquérante qui occupait alors le trône de l'Andalousie.

Il est hardi sans doute de poser des conclusions aussi nettes relativement à des objets d'une nature si exceptionnelle, si récemment découverts, et dont on connaît si peu d'analogues. Le temps seul pourra dire si je me suis trompé. Ce riche et intéressant trésor ne peut manquer d'attirer d'une manière durable l'attention des érudits. Bien d'autres après moi en feront l'objet de leurs recherches. Je m'estimerai heureux si, alors, se trouvent confirmées quelques-unes des théories que j'avance aujourd'hui ; et si, au contraire, quelques erreurs de mon travail viennent à être rectifiées, je me féliciterai encore d'avoir appelé la discussion sur une question aussi intéressante que nouvelle.

FIN.

Mon travail était déjà sous presse, lorsqu'on m'a communiqué une pièce d'or précisément frappée à Tolède, sous le règne de Reccesvinthus; j'en donne le dessin, en guise de fleuron, sur le titre de la présente Dissertation, pensant que sa légende pourra être utilement comparée, quant à la forme des caractères, avec l'inscription appendue à la couronne du roi, et avec celle de la croix donnée par Sonnica. On y lit :

† RECCESVINOVS Rx — † TOLETO PIVS

Peut-être pourrait-on tirer quelques inductions de l'emploi du Θ grec au lieu du **TH** latin. Cette substitution indique évidemment, chez le monétaire, une certaine connaissance de la langue grecque; mais, du reste, elle me paraît s'expliquer suffisamment par l'exiguïté de l'espace réservé à la légende.

TABLE DES MATIÈRES.

Grandeur naturelle.

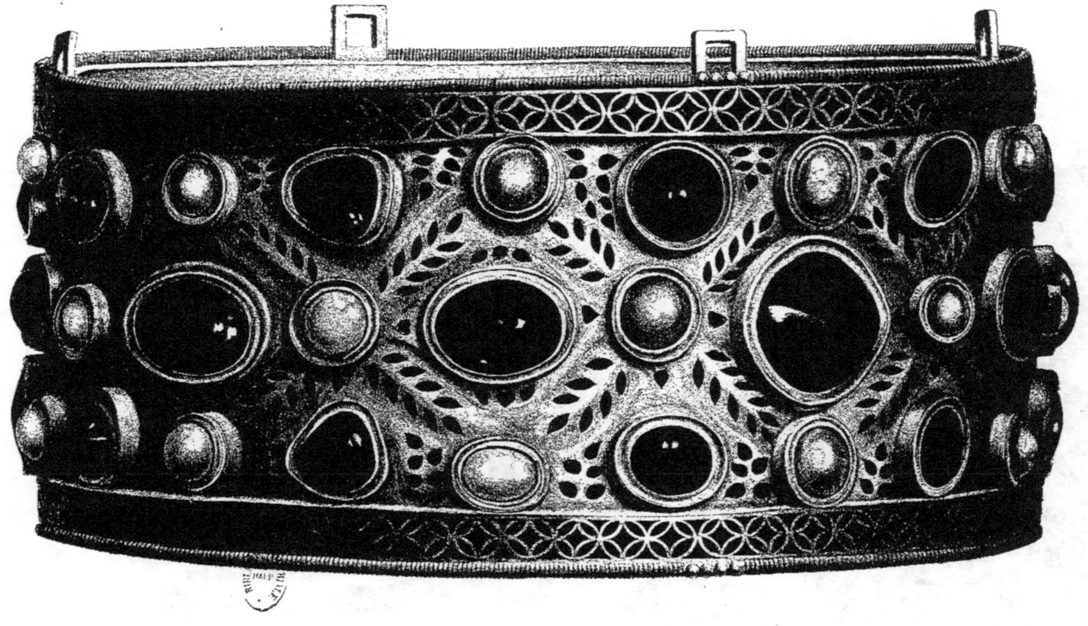

COURONNE DU ROI RECCESVINTHUS.

Chalcograp. Firmin Didot & C.ᵉ St-Maur 55.99   Imp Hangar - Maugé, Paris.

COURONNES VOTIVES.

trouvées à Guarrazar.

Grandeur naturelle
Fig. 1

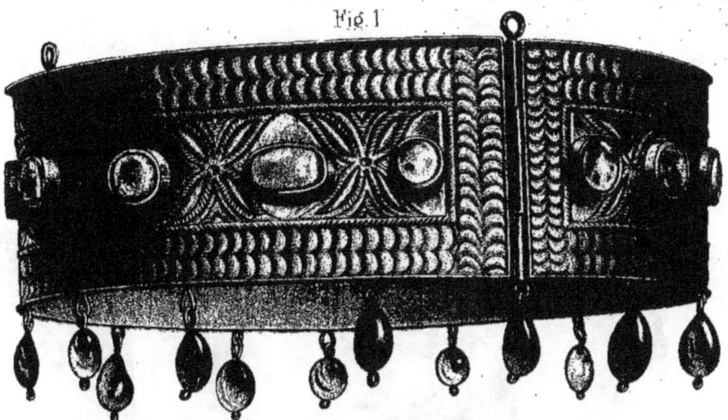

Fig. 3

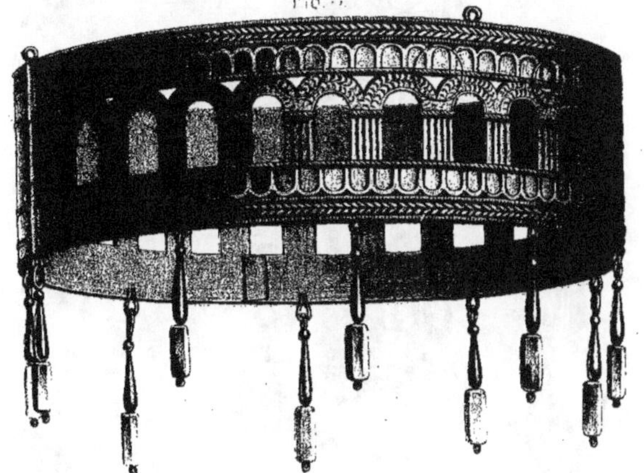

Fig. 2

COURONNES VOTIVES

trouvées à Guarrazar.

Imp. lith. Hangar Maugé

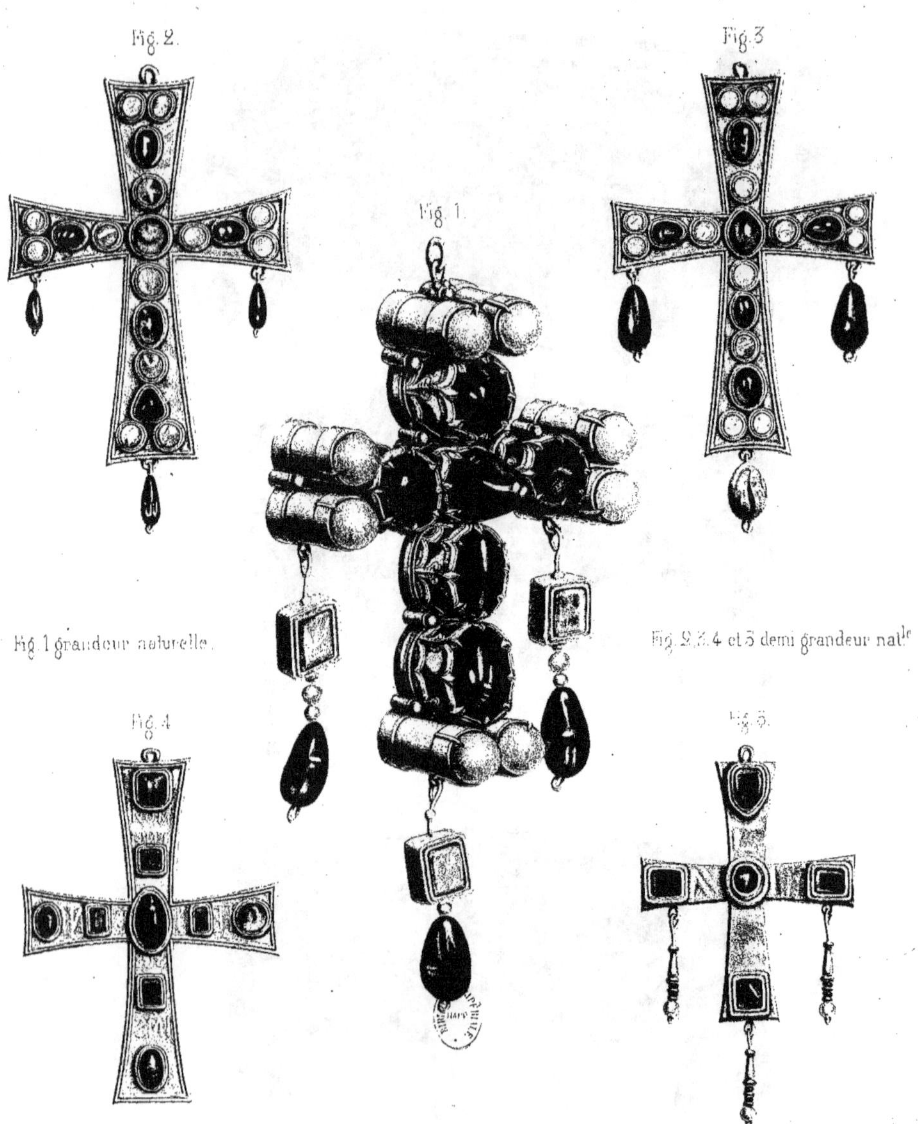

CROIX

trouvées à Guarrazar.

C. Regamey, lith. rue de St Maur 53.57.   Imp. Hangard-Maugé, Paris.

www.ingramcontent.com/pod-product-compliance
Lightning Source LLC
Chambersburg PA
CBHW061326060726
47596CB00003B/1105